ズボラさんの
作り置き

いち

JN081799

ワニブックス

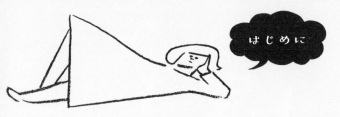

はじめまして。
がんばらないがモットー、ナマケモノ科ズボラ属のいちと申します。

数年前から憧れていた一人暮らしを始めましたが、自分の稼ぎで住めるのはオンボロ極狭キッチン（一口コンロ）が関の山。
…現実ってそんなもん。外食やお惣菜に頼る余裕も…なし。

それでも陽は昇るし、お腹も空きます。
食事をおろそかにし栄養が欠如すると身体とメンタルに影響がでると、若かりし頃に身をもって体感したこともあり（自主的な人体実験ともいう）、なんとかラクして健康になりたいと試行錯誤を始めました。

そうしてたどり着いたのが、"がんばらない作り置き生活"です。

毎日料理は無理、でも週1ならがんばれるかも。
一口コンロで効率が悪い、炊飯器やレンチンを駆使してみよう。
狭いのがストレス、物を減らしたらなんとかなるかも。

などなど、日常にあふれる"めんどくさい"を、一つずつ解決していった結果、料理どころか生きるのがラクになりました。
そもそも食事の一番の目的は栄養摂取なのだから、ほどほどでもいいはず。人間あきらめも肝心のようです。

「料理に興味あるけど、ハードル高そう」
「毎日作るのがめんどくさい」
「とにかくラクしてズボラに生きたい」
そんな方はぜひ一度読んでみてください。
本書をきっかけや踏み台にして誰かの勇気に繋がるとうれしいです。

いち

Contents

1 週目 まずは基本の料理から

2 週目 たまには好物ばかり作ってみる

3 週目 夏に食べたいさっぱり＆がっつり

4 週目 キャベツ1玉消費！

本書で使うのはコレ!

できるだけ物を増やしたくないので、わが家では調味料や食器、
調理道具も最低限にしています。もちろん、お家にあるもので
代用可能なので、工夫して作ってみてください。

調味料

● 油…オリーブオイルは炒め物、オイル漬け、
サラダ油の代わりにも使用。ごま油は香り
がほしい時に。

● しょうゆ…鮮度を保つ容器に入ったものが
使いやすい。

● 酢…酸味がまろやかな米酢を愛用。

● マヨネーズ&ケチャップ…ケチャップはナガ
ノトマトの「世界の畑のトマトケチャップ」
がお気に入り。

● めんつゆ…これだけで味が決まる久原の
「あごだしつゆ」を常備。

● ソース…とんかつソースのみ。中濃やウス
ターはなくても大丈夫。

● しょうが&にんにく…料理によく使うので
チューブタイプがラクチン。

● コンソメ…固形ならポイッと放り込むだけ。

● こしょう…スパイシーさを強く感じられるあ
らびきを使用。

● 鶏ガラスープの素…塩分が入っているタイ
プを使用。

● みそ…ハナマルキの「無添加こうじみそ」を
愛用。

● 砂糖&塩…砂糖は甘さ控えめの「素焚糖（すだきとう）」
が好き。本書のレシピはこの砂糖を使った
分量になっているので、お好みで調整を。

食器&保存容器

● 保存容器…大きめの正方
形のものが3個、小さめの
長方形のものが4個。

● 食器…大きめの平皿2枚、
茶碗1個、スープカップ1個、
小鉢1個、お椀1個、小さ
めのどんぶり1個、グラス1
個。グラスは飲み物を飲む
時はもちろん、マリネなど
の副菜を盛ることも。

調理道具

- ●ザル&ボウル…電子レンジにかけられるプラスチックのものを使用。大小2つずつあると便利。
- ●炊飯器…3合炊きのマイコン式を調理にも使用。材料を入れてスイッチを押すだけという神アイテム。
- ●計量カップ…300ccまで量れるものを使用。
- ●フライパン…一般的な直径26cmのサイズ。
- ●片手鍋…小さめのものでOK。

- ●まな板&包丁…狭いキッチンなのでまな板は薄型、包丁は万能に使える牛刀1本。
- ●調理スプーン…混ぜる、すくう、つぶすなど、調理から盛り付けまでこれ1つでできる無印良品のもの。しゃもじとしても使用。

- ●菜箸…無印良品で購入。
- ●計量スプーン…小さじの分量も大さじで計量。大さじ1=15cc、小さじ1=5ccなので、小さじ1は大さじ1/3。
- ●ピーラー…ズボラ調理には必須。

炊飯器調理について

わが家の炊飯器は普通炊飯だと70分ほどで炊き上がり。
だいたいのものは50〜60分で火が通ります。
メーカーによっては調理に向いていないものもありますので、
取扱説明書を確認の上、お試しください。特に圧力式は普通炊飯で
調理すると危険な場合があるため必ず調理モードをご使用ください。
私が炊飯器調理をする時に工夫していることは下記の2つです。

POINT 1

クッキングシートの落としブタをすることで、吹きこぼれを防止し、上ブタの汚れも最小限に抑えてお手入れがラクに。炊飯器のフタに干渉しないようしっかり押し込んで。

POINT 2

3合炊きは具材の量にもよりますが、300cc以上入れると吹きこぼれる可能性があるので、最初は水を少なめに。具材に火が通ってカサが減ったら追加します。

ズボラな作り置きルール

1週間の作り置きは5〜6品

この本で紹介している1週間分のレシピは無理なく作れる5〜6品。
一人暮らしで4〜5日分くらいの量です。やや少なめの分量なので、
足りない時はカンタンにできるものを追加することもあります。
極狭キッチンのため、調理には電子レンジ、フライパン、炊飯器をフル活用。
本書の電子レンジの加熱時間は500Wの場合の目安です。
600Wの場合は0.8倍を目安に様子を見ながら
加減してください。

ズボラ飯も活用

作り置きおかず+ごはんやパンなどの
主食を組み合わせていますが、時にはズボラ飯を作ることも。
食パンに作り置きおかずをのせて焼くだけとか、ごはんに
てんかす&めんつゆとか、最短3分でできるラクチンなものばかり。
P.67〜69で紹介しているので
参考にしてみてください。

保存について

汁気が多いもの、加熱していないもの、薄味のものなど、
傷みやすいものは3日以内を目安に早めに食べきるようにしています。
心配なものは自分の鼻で確かめて、あやしい時は
食べるのをやめておいてください。
使う前に保存容器をアルコール除菌する、
清潔な箸で取り分けるなど、衛生管理も大事です。

平日（月〜金）の晩ごはん記録

3週目のレシピを例に、平日5日間の晩ごはんをご紹介。
作り置きをベースに、汁物やズボラ飯を追加しています。

 月

作り置きレシピに加え、あらかじめ
作っておいた味玉を追加しました。
- 大葉の香る鶏つくね（P.46）
- 夏野菜の焼きびたし（P.50）
- のどごしツルリの春雨サラダ（P.52）
- きゅうりとわかめの酢の物（P.53）
- 砂糖としょうゆだけのエコな味玉（P.96）

 火

豚バラ大根をうどんにのせてアレンジ。
冷凍うどんがあると何かと便利です。
- しみウマ〜な豚バラ大根（P.48）
- 夏野菜の焼きびたし（P.50）
- のどごしツルリの春雨サラダ（P.52）

 水

ちょっと時間があったので、ズボラ飯のオムレツ
を追加。春雨サラダはここで食べ切りました。
- 大葉の香る鶏つくね（P.46）
- 夏野菜の焼きびたし（P.50）
- のどごしツルリの春雨サラダ（P.52）
- 白菜チーズオムレツ（P.69）

 木

余っていた豆腐でカンタンみそ汁を追加。
夏野菜の焼きびたしはここで食べきりました。
- しみウマ〜な豚バラ大根（P.48）
- 夏野菜の焼きびたし（P.50）
- きゅうりとわかめの酢の物（P.53）
- 豆腐のみそ汁

 金

3分でできるサバ缶塩昆布丼を追加。
いろどり要員のミニトマトを添えて。
- 大葉の香る鶏つくね（P.46）
- しみウマ〜な豚バラ大根（P.48）
- きゅうりとわかめの酢の物（P.53）
- サバ缶塩昆布丼（P.68）
- ミニトマト

1
週目

まずは
基本の料理から

これができればだいたいのものは作れる。
大丈夫、大変なのは切ることくらい。

肉じゃがはカレーからのステップアップ。
切って調味料と和えるだけのメニュー2品。
チンして和えるだけのメニュー1品。
煮込み料理2品は一見難しそうだけど、
ぶち込んでほっとくだけ。

そう言われてみると、あれ、なんだかカンタンそうな？
気がしてくるような〜？

料理をはじめる入口としておすすめしたい、
難易度低めで失敗しなさそうな料理を集めてみました。
目立つ存在ではないけど、飽きずに
何度でも食べたくなるような。
そんな誰もが好きな、どこかホッとするメニュー。

家庭科の授業で学んだこと、繊細で手の込んだ料理本、
その記憶はいったん忘れてみてください。
あれは、限られた優秀で
時間のある人のためのものなのだから。

今週のおかず

味しみしみ〜の
肉じゃが P.18

ごま油が香る
きゅうりの中華漬け P.22

トマトとチーズの
オイル漬け P.23

旨みじんわり
ひじきの煮物 P.20

つゆだく牛丼 P.16

ほんのり甘い
ほうれん草のごま和え P.21

今週のお買い物

〈肉〉

- 牛肉（薄切り）…250g

- 豚バラ肉（薄切り）…150g

〈野菜類〉

- じゃがいも…4〜5個（大きいものであれば4個）

- 玉ねぎ…2個

- にんじん…2本

- ほうれん草…1束

- きゅうり…2本

- トマト…2個

〈その他〉

- プロセスチーズ（好みの味でOK）…60gの個包装4個

- 油揚げ…3枚

- しらたき（あく抜き済）…1袋（200g）

- ひじき（乾燥）…20g

- 塩昆布…大さじ1

肉じゃがのしらたきはこんにゃくでもOK。
その場合、牛丼はシンプルに玉ねぎと牛肉のみで作ります。
牛肉は近くのスーパーで100g100円の時のみ購入。
高かったら、豚肉に変えて豚丼にしてもおいしいです。
ほうれん草も高い時があるので、
小松菜や水菜などで代用しても。

作り置きタイムスケジュール

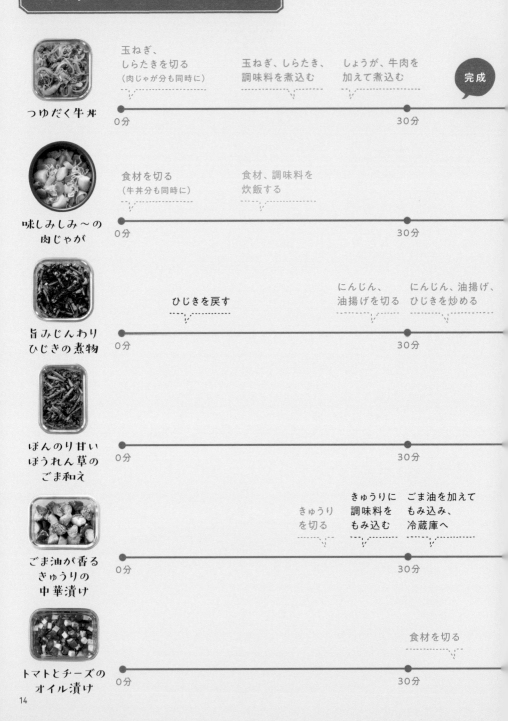

つゆだく牛丼

玉ねぎ、しらたきを切る（肉じゃが分も同時に）／玉ねぎ、しらたき、調味料を煮込む／しょうが、牛肉を加えて煮込む／完成

0分 ─── 30分

味しみしみ～の肉じゃが

食材を切る（牛丼分も同時に）／食材、調味料を炊飯する

0分 ─── 30分

旨みじんわりひじきの煮物

ひじきを戻す／にんじん、油揚げを切る／にんじん、油揚げ、ひじきを炒める

0分 ─── 30分

ほんのり甘いほうれん草のごま和え

0分 ─── 30分

ごま油が香るきゅうりの中華漬け

きゅうりを切る／きゅうりに調味料をもみ込む／ごま油を加えてもみ込み、冷蔵庫へ

0分 ─── 30分

トマトとチーズのオイル漬け

食材を切る

0分 ─── 30分

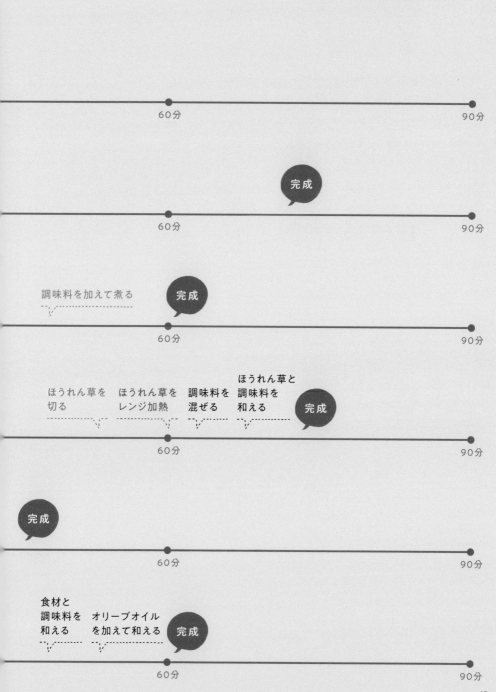

包丁&まな板　コンロ　電子レンジ　炊飯器

60分　90分

完成

60分　90分

調味料を加えて煮る　完成

60分　90分

ほうれん草を切る　ほうれん草をレンジ加熱　調味料を混ぜる　ほうれん草と調味料を和える　完成

60分　90分

完成

60分　90分

食材と調味料を和える　オリーブオイルを加えて和える　完成

60分　90分

15

つゆだく牛丼

元気がほしい時はこれ！
クタクタに煮込んだ玉ねぎの甘みと
肉の旨みが溶け合って最高です。

材料【保存容器（大）1個分】

玉ねぎ…1個

しらたき（あく抜き済）
…1/2袋（100g）

A だし汁（水でも可）
…200cc

砂糖…大さじ3

しょうゆ…大さじ4

しょうがチューブ
…5cm程度

牛肉（薄切り）…250g

作り方

1 玉ねぎは縦半分に切り、5mm幅の薄切りにする。
しらたきは水気を切り、水でさっと洗って食べやすい長さに切る。

玉ねぎたくさん、断じて
カサ増しではない。ホントダヨ。
しらたきはあく抜き済がラク。
食べる時にぴろ〜んって
ならないように切ろう

2 1と🅐をフライパンに入れて2〜3分煮込む。

memo

玉ねぎに軽く火が
通ったらOK。

3 しょうがを入れ、牛肉を加えてほぐし、
さらに中火で10分ほど煮込む。

今日はめずらしく
本物の牛です!!
やったあ

Recipe 02 味しみしみ～の 肉じゃが

定番中の定番、肉じゃが。
炊飯器で作るので失敗知らずのうえに味がしみ込む！
豚肉は牛肉に変えてもOKです。

材料【3合炊き炊飯器1台分】

じゃがいも…4～5個
（大きいものであれば4個）

にんじん…1と1/2本

玉ねぎ…1個

しらたき（あく抜き済）
…1/2袋（100g）

豚バラ肉（薄切り）
…150g

Ⓐ だし汁（水でも可）
…100cc

砂糖…大さじ2

しょうゆ…大さじ3

1 じゃがいもは一口大に切り、水にさらす。にんじんは一口大に切る。
玉ねぎはくし形に切る。しらたきは水気を切り、水でさっと洗って
食べやすい長さに切る。豚肉は食べやすい大きさに切る。

玉ねぎとじゃがいもは
溶けてなくならないよう
大きめに

2 炊飯器の内釜にじゃがいもとにんじんを入れ、
その上に玉ねぎ、しらたき、豚肉の順にのせる。

火の通りにくいものから
順番に入れよう

memo

心に余裕があれば
豚肉を広げる。広げ
ないと肉が団子に。

3 Ⓐを混ぜ、2に入れる。

4 クッキングシートで落としブタをして、普通炊飯する。

吹きこぼれ防止＆
炊飯器の掃除が楽になるよ(˘ω˘)♪

5 炊けたらフタを開けて混ぜ、大きめのじゃがいもに
火が通ったら完成。

まだだったら
火が通るまで
追加で炊飯しよう

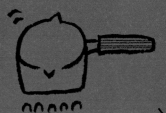

Recipe 03

旨みじんわり ひじきの煮物

手間がかかりそうに見えるけど、とってもカンタン。
栄養満点で鉄分も補給できちゃう健康のミカタ！

材料
【保存容器(大)1個分】

ひじき(乾燥)…20g

にんじん…1/2本

油揚げ…3枚
※気になる人は油抜きしてね。

ごま油…適量

Ⓐ だし汁(水でも可)…150cc

砂糖…大さじ2

しょうゆ…大さじ2

作り方

1 ひじきは袋の表記通りに水で戻す。にんじんは5mm幅の細切りにする。油揚げは縦半分に切って細切りにする。

2 フライパンにごま油を熱し、1のにんじんと油揚げを中火で1~2分炒める。1のひじきの水気を切って加え、さらに炒める。

3 Ⓐを加え、全体をときどき混ぜながら汁気がなくなるまで煮る。

大量生産して
パン(P.67)や
炊き込みごはんにも。
アレンジは無限！

Recipe 04 ぼんのり甘い ほうれん草のごま和え

あるとなんだかほっとするごま和え。ほうれん草を
レンジで加熱すれば、お湯を沸かす必要なし。

材料
【保存容器（小）1個分】

ほうれん草
…1束

Ⓐ 白すりごま
…大さじ2

砂糖
…大さじ1/2

しょうゆ
…大さじ1/2

作り方

> 根元側についた泥がなかなか
> しぶとい、しっかり洗おう

1 ほうれん草は根元を切り落とし、4cm長さに切る。
耐熱皿に入れてラップをかけ、電子レンジで2分加熱する。

2 Ⓐをボウルに入れて混ぜる。

3 1のほうれん草を水にさらし、
絞って2に加えて和える。

> ごま和えも
> おいしいけど、
> ピーナッツ和えも
> おすすめ

memo
梅おかか和え
にアレンジ！

Ⓐの代わりに、種を取り除いて細かく刻んだ梅
干し2個、かつお節10g、しょうゆ少々と白いり
ごま適量で和える。酸っぱうまくておいしいよ。

21

Recipe 05
ごま油が香る きゅうりの中華漬け

地味だけど、あるとうれしい！ 時間が経っても
おいしい、作り置き向きの1品。

材料
【保存容器（小）1個分】

きゅうり…2本
Ⓐ 白いりごま…大さじ1
鶏ガラスープの素…小さじ1
砂糖…小さじ1
しょうゆ…小さじ1
ごま油…大さじ1

作り方

1 きゅうりは乱切りにし、ポリ袋に入れる。

2 1にⒶを入れてポリ袋の外からもみ込む。

3 ごま油を入れてさらにもみ込み、
袋の口を縛って冷蔵庫でなじませる。

なじませる時間は
30分くらい

Recipe 06 トマトとチーズの オイル漬け

イタリアンと和の融合。塩昆布で味がばっちり
決まります。パンに乗せてもおいしい（P.67）！

材料

【保存容器（小）1個分】

> Q・B・Bの
> ブラックペッパー
> 入りのベビーチーズ
> がおすすめ

トマト…2個

プロセスチーズ
…60gの個包装4個

塩昆布…大さじ1

塩…少々

オリーブオイル
…適量

作り方

1 トマトは1cm角に、プロセスチーズは
5mm角に切って保存容器に入れる。

2 塩昆布と塩を入れて和える。

3 オリーブオイルを
入れて和える。

> 塩分は
> 多めがおいしい

> オリーブオイルの量は日持ちを
> 考えると具材が軽くひたるくらいが理想。
> でもいつもケチって半分くらいにしてる

2
週目

たまには好物
ばかり作ってみる

ハンバーグ大好きなんです。
本当は毎日でも食べたいくらい。
豚汁も毎日食べたい。
豚汁から始まる朝、そして豚汁で終わる夜、
そんな1日があっても全然平気むしろうれしい。
酸っぱいものも好き。むせることに幸せを感じる。
どんどんむせていきたい。
ごぼうも大好き、ちょっと切りにくいのが億劫で
あまり高頻度には食べないけど。

好物ばかり食べるごほうび週があったって
いいじゃない！
料理をする者の特権です。

自炊をするということは、好きなもの食べ放題。
味付けも自分好みのドストライクにし放題。
なんだってあり。
つまり自由、自由への第一歩。
自ら自由をつかみとるのだ…。

誰かに与えられずとも自分でなんとか生み出せると
実感すると、フフンやるじゃん自分！
って気持ちになりませんか？
私は思います、フフンフフン！

今週のおかず

ごちそう
煮込みハンバーグ P.30

じゅわ旨！
ナスの南蛮漬 P.37

ごぼうの
ごまマヨサラダ P.39

あったまる〜！
具だくさん豚汁 P.34

トマトとツナの
甘酸っぱマリネ P.36

甘辛きんぴらごぼう P.38

今週のお買い物

〈肉〉

- 合いびき肉…350g
- 豚バラ肉（薄切り）…100g

〈野菜類〉

- ごぼう…3本
- 大根…1/4本
- 玉ねぎ…1個
- にんじん…2本
- 長ねぎ…1/2本
- ナス…2本
- パプリカ（黄）…1/3個
- ミニトマト…1パック
- しめじ…1袋

〈その他〉

- 卵…1個
- 牛乳…60cc
- ツナ缶…1/2缶
- 食パン（6枚切り）…1/2枚

汁物、炒め物、サラダと、ごぼうを
たくさん買って使い切った週。
ごぼうがお手頃に入手できたら、ぜひお試しください。
しめじは1袋を煮込みハンバーグと豚汁で半分ずつわけました。
家に余ってたりしたら、もっと入れてもおいしいと思います。
食パンはパン粉で、ミニトマトはトマトで、
それぞれ代用できます。

作り置きタイムスケジュール

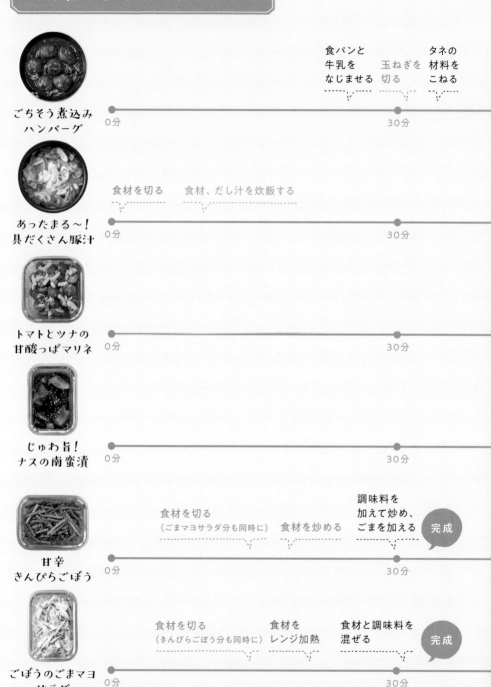

**ごちそう煮込み
ハンバーグ**

0分 ・・・ 30分

食パンと
牛乳を
なじませる

玉ねぎを
切る

タネの
材料を
こねる

**あったまる〜！
具だくさん豚汁**

0分 ・・・ 30分

食材を切る　　食材、だし汁を炊飯する

**トマトとツナの
甘酸っぱマリネ**

0分 ・・・ 30分

**じゅわ旨！
ナスの南蛮漬**

0分 ・・・ 30分

**甘辛
きんぴらごぼう**

0分 ・・・ 30分

食材を切る
（ごまマヨサラダ分も同時に）

食材を炒める

調味料を
加えて炒め、
ごまを加える

完成

**ごぼうのごまマヨ
サラダ**

0分 ・・・ 30分

食材を切る
（きんぴらごぼう分も同時に）

食材を
レンジ加熱

食材と調味料を
混ぜる

完成

28

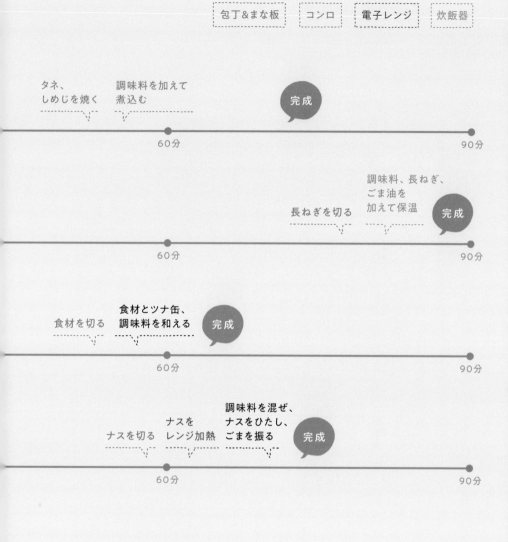

包丁＆まな板　　コンロ　　電子レンジ　　炊飯器

タネ、
しめじを焼く　調味料を加えて
煮込む　　　　　　　　　　完成

60分　　　　　　　　　　　　　　　　90分

調味料、長ねぎ、
ごま油を
加えて保温
長ねぎを切る　　　　　　　　完成

60分　　　　　　　　　　　　　　　　90分

食材とツナ缶、
食材を切る　調味料を和える　完成

60分　　　　　　　　　　　　　　　　90分

調味料を混ぜ、
ナスを　　　ナスをひたし、
ナスを切る　レンジ加熱　ごまを振る　完成

60分　　　　　　　　　　　　　　　　90分

60分　　　　　　　　　　　　　　　　90分

60分　　　　　　　　　　　　　　　　90分

Recipe 07 ごちそう煮込みハンバーグ

初心者は煮込むべし！ 焼くより失敗なく、
カンタンふっくらジューシーに。

材料【6個分】

〈タネ〉

食パン（6枚切り）…1/2枚
牛乳（豆乳でもOK）…60cc
玉ねぎ…1/2個
Ⓐ 合いびき肉…350g
　　卵…1個
　　片栗粉…大さじ1
　　塩…2つまみ

しめじ…1/2袋
Ⓑ 水…200cc
　　固形コンソメ…1個
　　ソース…大さじ6
　　ケチャップ…大さじ5
　　砂糖…好みで
　　バター…あれば

> 余っていたら
> 1袋入れたい！ 他の
> きのこや野菜でもOK

> 私は
> 大さじ1/2
> くらい入れる

作り方

1 食パンを細かくちぎってボウルに入れ、
牛乳を加えてよくなじませる。

> ハンバーグ作りで
> 一番キライな作業、みじん切り。
> やり方はP.77を見てね

2 玉ねぎはみじん切りにする。

3 2とⒶを1のボウルに加え、手で
粘り気がでるまでよくこねる。

> 玉ねぎは
> 炒めません、
> 面倒だからです！

4 フライパンにサラダ油大さじ1（分量外）をひく。3のタネを6等分し、
1つずつ空気を抜きながら楕円形に整えてフライパンに並べる。

memo

加熱で膨らむから、
真ん中は凹ませるよ。

> しめじは
> 石づきを切って
> ほぐす

5 中火で熱し、2〜3分焼く。焼き目がついたら裏返し、
反対側も焼き目をつける。しめじを隙間に入れ、一緒にさっと炒める。

6 Ⓑを入れ、ハンバーグがくずれないよう
気を付けながらよく混ぜ、フタをして
弱火で15分ほど煮込む。フタをとり、
好みのとろみになるまで煮詰める。

> ソースの隠し味に無糖のココア
> 小さじ1を入れてもおいしい！
> トップシークレットだよ

ピーマンの肉詰め

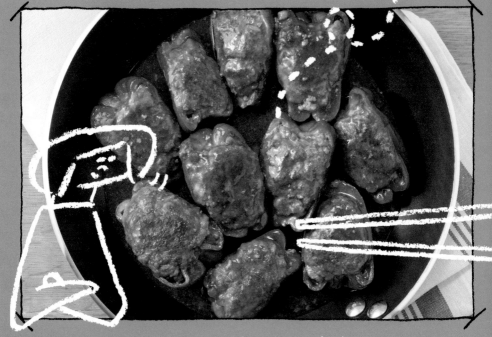

しっとりおいしいピーマンの肉詰め。
ハンバーグを食べながら野菜も摂れるなんて…画期的！

材料【10個分】

ピーマン…5個

片栗粉…大さじ1

タネの材料…P.30〜31の
煮込みハンバーグと同じ

サラダ油…大さじ1

Ⓐ 水…100cc

　 ソース…大さじ2

　 ケチャップ…大さじ1

作り方

1 ピーマンは縦半分に切る。
ポリ袋に片栗粉を入れ、ピーマンを入れて
振り混ぜ、全体に片栗粉をまぶす。

2 煮込みハンバーグの工程1〜3の通りにタネを作る。

3 フライパンにサラダ油をひく。2のタネを
ピーマンに詰めて手でギュッと押さえ、
肉の面が下になるようにフライパンに並べる。

4 中火で熱し、2〜3分焼く。焼き目がついたら
Ⓐを加えて混ぜ、フタをして弱火で10分煮込む。

アレンジ 和風煮込みハンバーグ

洋風もいいけど、和風も好きです。
具材は他のきのこや玉ねぎ、長ねぎ、ナスなどでも。

材料【6個分】

タネの材料…P.30～31の
煮込みハンバーグと同じ

しめじ…1袋

Ⓐ だし汁（水でも可）
…200cc

砂糖…大さじ1と1/3

しょうゆ…大さじ1

作り方

1 煮込みハンバーグの5の工程まで作る。

2 Ⓐを加え、弱火で15分ほど煮込む。

memo

あくが出てきたら
取りながら煮込む。

33

Recipe 8 あったまる〜！具だくさん豚汁

✳ ✳ 炊飯器に入れたらあとは放置。
✳ 豚肉は旨みたっぷりのバラ肉がおすすめです。 ✳

材 料【3合炊き炊飯器1台分】

ごぼう…1本

にんじん…1本

大根…1/4本

玉ねぎ…1/2個

しめじ…1/2袋

豚バラ肉（薄切り）
…100g

だし汁（水でも可）
…200cc＋300cc

長ねぎ…1/2本

みそ…大さじ4

しょうがチューブ
…好みで

塩…適量

ごま油…大さじ1

温まり効果
UP

作り方

1 ごぼうは乱切りにし、水にさらしてあく抜きする。
にんじんは5mm厚さの半月切りに、
大根は5mm厚さのいちょう切りにする。
玉ねぎはくし形切り、しめじは石づきを切り落としてほぐす。
豚肉は5cm長さに切る。

意味があると
信じたい。
あく抜き

土付きごぼうは
丸めたアルミホイルで
こすり洗いすると
キレイになる

2 1を炊飯器の内釜に入れ、だし汁200ccを注ぐ。
クッキングシートで落としブタをして、
普通炊飯をする。

3 炊いている間に、長ねぎを
5mm厚さの斜め切りにする。

火が
通っていなかったら、
追加炊飯を

塩を入れると
味が引き締まる

4 炊けたらフタを開けて混ぜる。
火が通ったか確認し、追加分のだし汁300ccとみそを加え、
好みでしょうがを入れ、塩で味を調える。

5 3の長ねぎとごま油を入れ、
再度落としブタをして
フタをし、軽く温まるまで
5分ほど保温する。

Recipe 9 トマトとツナの 甘酸っぱマリネ

さっぱり味で副菜にヨシ。とっても
カンタンなスピードメニューです。

材料 ■■■■■■■■■■■■■

【保存容器（大）1個分】

ミニトマト
…1パック

> なくてもOK。
> 余ってたら
> 入れて

パプリカ（黄）
…1/3個

Ⓐ ツナ缶…1/2缶

酢…大さじ2

オリーブオイル
…大さじ1

砂糖…小さじ2

塩…小さじ1/2

作り方

> ミニトマトでも、
> トマトでも。安くて
> たくさん食べられる方が
> うれしいよね

1 ミニトマトはヘタをとり、
半分に切る。パプリカは縦に
細切りにし、2cm長さに切る。

> パプリカは
> お好みで
> 加熱して

2 1をボウルに入れ、Ⓐを加えて
よく混ぜる。

memo マーマレードマリネにアレンジ！

Ⓐの砂糖小さじ2をマーマレード大さじ1に変えるだけ。残
りジャムが冷蔵庫に眠っている人は試してみて。きゅうり
を入れてもおいしい。

じゅわ旨！ ナスの南蛮漬

タレのしみ込んだナスがたまらない〜！ 揚げずに、
レンジだけでラクチンです。

材料
【保存容器（小）1個分】

ナス…2本

サラダ油
…大さじ2

> 油は、
> ごま油でも
> なんでもOK

Ⓐ 砂糖…大さじ2

しょうゆ…大さじ2

酢…大さじ2

しょうがチューブ
…好みで

白いりごま…適量

memo

心に余裕があれ
ば、皮目に5mm
幅の切れ目を入
れるのもヨシ。

作り方

1 ナスはヘタを取り、縦半分、
長さ3〜4cmに切って水にさらす。

2 水気を切って耐熱容器に並べ、サラダ油を回しかけて
和える。ラップをかけて、電子レンジで3分加熱する。

3 保存容器にⒶを入れ、よく混ぜる。
水適量（分量外）で薄めて好みの味に調整する。

4 2のナスを熱いうちに3にひたす。
よくなじませ、ごまを振る。

> 熱いので
> やけどに注意

Recipe **11** 甘辛きんぴら
ごぼう

やっぱりおいしい甘辛味。
ほんのり香るごま油がいい仕事をしてくれます。

材料
【保存容器（小）1個分】

ごぼう…1本

にんじん…1/2本

サラダ油…大さじ1

ごま油…少々

砂糖…大さじ1/2

しょうゆ…大さじ1/2

白いりごま…適量

作り方

1 ごぼう、にんじんは細切りにする。
ごぼうは水にさらす。

2 フライパンにサラダ油を熱し、水気を切った
ごぼうとにんじんを中火で8分ほど炒める。
ごま油を加えてさらに炒める。

3 砂糖、しょうゆを入れて
汁気がなくなるまで炒め、
ごまを加えて混ぜる。

風味付けの
ごま油を追加すると
よりおいしい。最強！

ごぼうのごまマヨサラダ

ごまマヨソースがあとをひく。
ごぼうの食感を残すとポリポリおいしい。

材料
【保存容器（小）1個分】

ごぼう 1本

にんじん 1/2本

Ⓐ マヨネーズ
　…大さじ4

　砂糖…小さじ2

　しょうゆ…小さじ1

　白すりごま…適量

作り方

1 ごぼうはささがきにし、水にさらす。にんじんは細切りにする。

2 1のにんじんとごぼうを耐熱皿に入れ、ラップをして電子レンジで5〜6分加熱する。

3 ラップをはずしてⒶを加え、よく混ぜる。

にんじんに
火が通ったら
OK

memo

ささがきはピーラーを使うと手早くできるよ。

39

週目

夏に食べたい
さっぱり & がっつり

昨今の夏は暑すぎる。暑すぎて暑すぎて暑すぎて、
ついには何も食べたくなくなる…私だけでしょうか?
夏の高温多湿な環境で起こる体調不良。
人はそれを、夏バテと呼ぶ。大敵…だ!

そんな時には冷たいままでも食べられる料理を
中心に作ります。
え、冷たいものは身体に良くない?
…確かに。万国共通認識です。
でも何にも食べられないよりはマシ、
エネルギー摂取が優先事項。
極限状態(?)の時には 《温かく内臓にやさしい》こと
よりも、とにかくカロリー。
カロリーで救えるものがある。

そんな時は、この章で紹介するようなおかずを作ります。
冷たくて、さっぱりで
なんとか食べられるような気がしてくる。
シソの香りで家出中の食欲も戻ってくる。

こうして命を繋ぎつつ、元気を取り戻せた暁には、
温かいスープでも飲んで内臓を温め、平和な日常を
噛みしめるのです。

今週のおかず

しみウマ〜な
豚バラ大根 P.48

のどごしツルリの
春雨サラダ P.52

夏野菜の焼きびたし P.50

大葉の香る鶏つくね P.46

きゅうりとわかめの
酢の物 P.53

今週のお買い物

〈肉〉

- 豚バラ肉（薄切り）…200g
- 鶏ひき肉…300g

〈野菜類〉

- 大根…15cm程度
- 玉ねぎ…1/2個
- 大葉…12枚
- きゅうり…2本
- ナス…2本
- ピーマン…3個
- ミニトマト…1パック
- しいたけ…5個

〈その他〉

- ハム…3枚
- わかめ（乾燥）…大さじ3
- 春雨（乾燥）…50g

きゅうり、ナス、ピーマン、トマトと夏野菜を大活用！
焼きびたしは冬ならかぼちゃ、れんこん、
長いもなどで作っても。
水分量の少ない野菜で作るのがおすすめです。
わかめ、春雨などの乾物は長持ちするので、常備。
何か1品足りない時の救世主です！

作り置きタイムスケジュール

**大葉の香る
鶏つくね**

玉ねぎを切る　タネの材料を
こねる　　　　タネを
大葉で包む

0分　　　　　　　　　　　　　　　　30分

**しみウマ〜な
豚バラ大根**

食材を切る　食材、調味料を炊飯する

0分　　　　　　　　　　　　　　　　30分

**夏野菜の
焼きびたし**

食材を切る　食材を炒める

調味料を混ぜる
焼き上がった食材を
浸けて、冷蔵庫へ　　　完成

0分　　　　　　　　　　　　　　　　30分

**のどごしツルリ
の春雨サラダ**

わかめを水で戻す
（酢の物分も同時に）

0分　　　　　　　　　　　　　　　　30分

**きゅうりとわかめ
の酢の物**

わかめを水で戻す
（春雨サラダ分も同時に）

0分　　　　　　　　　　　　　　　　30分

タネを焼く　調味料を
　　　　　加えて煮絡める　完成

60分　　　　　　　　　　　　　　90分

ごま油を回しかける　完成

60分　　　　　　　　　　　　　　90分

60分　　　　　　　　　　　　　　90分

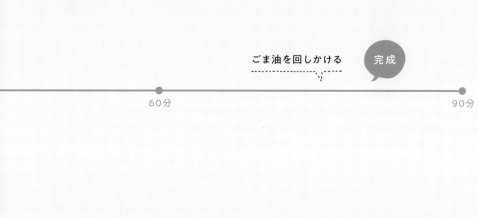

春雨を
レンジ加熱で戻す　　食材を切る　　　調味料を混ぜて
　　　　　　　　　（酢の物分も同時に）食材を和える　完成

60分　　　　　　　　　　　　　　90分

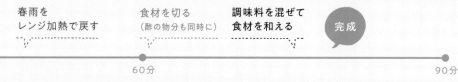

きゅうりを切る　　調味料を
（春雨サラダ分も同時に）混ぜて
　　　　　　　　食材を和える　完成

60分　　　　　　　　　　　　　　90分

包丁&まな板　コンロ　電子レンジ　炊飯器

大葉の香る鶏つくね

大葉の風味と甘辛味で食欲ましまし！
しっかりこねるとおいしくなります。

材料【12個分】

玉ねぎ …1/2個	Ⓐ 鶏ひき肉…300g	大葉…12枚
	片栗粉…大さじ1	サラダ油…大さじ1
	マヨネーズ…大さじ1	Ⓑ 砂糖…大さじ1
	鶏ガラスープの素…小さじ1	しょうゆ…大さじ1
	しょうがチューブ…5cm程度	
	塩…少々	

作り方

1 玉ねぎはみじん切りにする。

2 1と🅐をボウルに入れ、
手で粘り気がでるまでよくこねる。

> かじかむ冷たさ…
> その向こうにエデンがある。
> でも、しゃっこい

3 タネを12等分し、1つずつ
楕円形に整えて大葉で包む。

memo

包むことでおいしさ
ワンランクUP!

> 大葉が
> 足りなくなったら、
> タネだけ
> 焼いたっていい

4 フライパンにサラダ油を熱し、3を並べて中火で焼く。
片面に焼き色がついたら裏返し、弱火にしてフタをする。

5 5分ほど焼き、中まで火が通ったら、
🅑を入れて全体に絡める。

> 甘めのタレでございます。
> 好みで酒、水などで
> 薄めてね

Recipe 14
しみウマ〜な 豚バラ大根

夏だって、1品くらいほしいこってり系。
甘辛味でごはんに合う〜。

材 料 【3合炊き炊飯器1台分】

大根…15cm程度

豚バラ肉（薄切り）
…200g

A だし汁（水でも可）…200cc

砂糖…大さじ1と1/2

しょうゆ…大さじ2

しょうがチューブ…6cm程度

ごま油…少々

48

1 大根は2cm厚さのいちょう切りにし、炊飯器の内釜に入れる。
豚肉を5cm長さに切り、ほぐしながら大根の上に広げる。

この間およそ3分。
速さ＝ラク

2 Ⓐを加え、クッキングシートで落としブタをして、
普通炊飯をする。

わが家の炊飯器だと
70分くらいで
炊き上がり

memo

だし汁は水に昆布を入れて冷蔵庫で3時間〜一晩置き、水出しする。だし汁って何だ!? って人は水でいいんだよ。顆粒のものも便利。

3 炊けたらフタを開けてよく混ぜる。
火が通ったか確認し、ごま油を回しかける。

味見をして、
物足りなかったら
調味料を足して

Recipe 15 夏野菜の焼きびたし

焼いてめんつゆに入れるだけ！ カンタン！
大きめにカットするのが食感や味を生かすコツです。

材料【保存容器（大）1個分】

ピーマン…3個
ナス…2本 **大好物！**
しいたけ…5個
ミニトマト…1パック

サラダ油…大さじ1
めんつゆ
…200cc（ストレート換算）
しょうがチューブ…好みで

好きな夏野菜で
作ってね

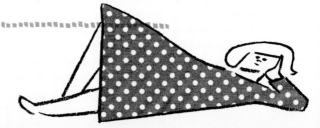

作り方

1 ピーマンは縦4等分に切る。
ナスはヘタを取り、1.5cmの輪切りにして水にさらす。
しいたけは軸を切り、半分に切る。ミニトマトはヘタを取る。

> ナスは縞目に
> 皮をむくと
> かわいさUP

2 1をフライパンに入れ、サラダ油を
回しかけて熱し、中火で両面炒める。
焼きながら、サラダ油を適宜追加する。

> 片面ずつ、
> 多めの油で
> こんがりと

3 めんつゆとしょうがを保存容器に入れてよく混ぜる。

> めんつゆは
> 裏切らない

> 野菜はくたっとしてきたらOK。
> 焼けたものから退避

4 焼き上がった野菜から、3に浸けていく。

5 すべての野菜を浸け込んだら、
粗熱を取り、冷蔵庫で冷やす。

> しっかり冷やして
> 食べよう〜

Recipe 16
のどごしツルリの春雨サラダ

材料

【保存容器(大)1個分】

わかめ(乾燥)…大さじ1

春雨(乾燥)…50g

きゅうり…1本

ハム…3枚

Ⓐ 砂糖…大さじ1

酢…大さじ1

しょうゆ…大さじ1

ごま油…大さじ1

鶏ガラスープの素…小さじ1

白いりごま…適量

さっぱり味だけど、食べごたえあり。
ごまの香りがたまりません。

作り方

> 春雨は軽く冷めるまで放置。水吸うよ

1 わかめは袋の表記通りに水で戻す。春雨を耐熱容器に入れて水(分量外)をひたるくらい加え、ラップをかけて電子レンジで6分加熱する。ラップを取って軽く混ぜ、そのまま少し置き、食べやすい長さに切る。

2 きゅうりは縦半分に切り、5mm厚さの斜め薄切りにする。塩ひとつまみ(分量外)を振り、軽くもんでおく。ハムは細切りにする。

3 Ⓐをボウルに入れてよく混ぜる。

4 水気を絞ったわかめときゅうり、ハム、春雨を加えて和える。

52

Recipe 17 きゅうりとわかめの 酢の物

定番だけど、あるとうれしいさっぱり副菜。
水気はぎゅぎゅっとしっかり絞ろう。

材料
【保存容器(小)1個分】

わかめ(乾燥)
…大さじ2

きゅうり…1本

Ⓐ 砂糖…大さじ1

酢…大さじ2

しょうゆ
…大さじ1/2

白いりごま
…適量

作り方

1 わかめは袋の表記通りに水で戻す。きゅうりは縦半分に切って、5mm厚さの斜め薄切りにする。塩ひとつまみ(分量外)を振り、軽くもんでおく。

2 Ⓐを保存容器に入れてよく混ぜる。

3 水気を絞ったわかめときゅうりを加えて和える。

わかめ、
ぎゅぎゅっと。きゅうりも
ぎゅぎゅっと

memo

きゅうりの塩もみ、ここサボるといまいちなのよね。

53

4 週目

キャベツ1玉 消費！

はい、みなさんに質問です。
この世はサバイバル、お財布に余裕のない時、
どうやって生き抜きますか？　答えは３つ。

①キャベツに頼る。
②白菜に頼る。
③じゃがいもにんじん玉ねぎに頼る。

人生のテストに出るぞ…！

今週はそんな頼れる野菜の中から①キャベツを駆使した
１玉使い切りメニュー。4分割し、1片1品ずつ使用します。
①〜③の中で、一番バリエーションが多く飽きず、
かつ使い勝手がいいのはやはりキャベツかなと
個人的には思います。
煮てよし、焼いてよし、腹持ちよし、
加熱してもしなくてもおいしい、カサも増やせる。
しかも安い。えっキャベツって神が与えし救世主？

本気でお金がなかった18歳の頃、
１玉50円のキャベツをよく食べていました。
おかげで今も生きています。やはり救世主。
ありがとうキャベツ。

今週のおかず

シンプルイズベストな
野菜炒め P.60

冷蔵庫一掃!
チキンのトマト煮 P.62

コーンたっぷり!
コールスロー P.64

キャベツの
海苔塩昆布和え P.65

救世主・肉みそ P.66

今週のお買い物

〈肉〉

- 豚バラ肉（薄切り）…250g

- 豚ひき肉（合いびき肉でも可）…300g

- 鶏もも肉…1枚（250g）

〈野菜類〉

- 玉ねぎ…1と1/2個

- にんじん…2本

- キャベツ…1玉

- 長ねぎ…1本

- ナス…1本

- パプリカ（黄）…1/2個

- ピーマン…3個

- しめじ…1袋

〈その他〉

- きざみ海苔…全型1枚分

- スイートコーン（冷凍でも缶詰でも）…1カップ程度

- ホールトマト缶…1/2缶（200g）

キャベツがお手頃だったので、1/4ずつ4品作りました！
選ぶ時はずっしり重いものがおいしいらしいです。
チキンのトマト煮はたくさん野菜を入れていますが、
鶏肉、玉ねぎ、にんじんさえ入れておけば、
あとは好きな具材でOK。
冷蔵庫の中で残っている野菜やきのこを
なんでも入れちゃってください。

作り置きタイムスケジュール

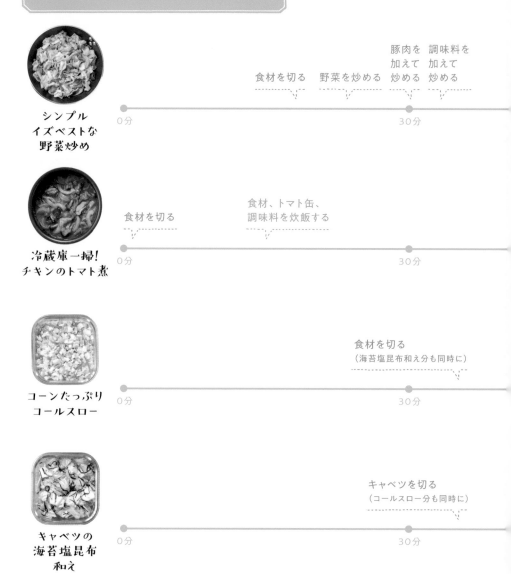

シンプル イズベストな 野菜炒め

食材を切る｜野菜を炒める｜豚肉を加えて炒める｜調味料を加えて炒める

0分　　　　　　　　　　　30分

冷蔵庫一掃! チキンのトマト煮

食材を切る｜食材、トマト缶、調味料を炊飯する

0分　　　　　　　　　　　30分

コーンたっぷり コールスロー

食材を切る（海苔塩昆布和え分も同時に）

0分　　　　　　　　　　　30分

キャベツの 海苔塩昆布 和え

キャベツを切る（コールスロー分も同時に）

0分　　　　　　　　　　　30分

救世主・肉みそ

0分　　　　　　　　　　　30分

包丁&まな板　コンロ　電子レンジ　炊飯器

完成

60分 ——————————————— 90分

味を調える　完成

60分 ——————————————— 90分

調味料を混ぜ、
コーン、食材を和える　完成

60分 ——————————————— 90分

キャベツと調味料を
もみ混ぜる
海苔を加える　完成

60分 ——————————————— 90分

　　　　　　　　長ねぎを炒め、
　　　　　　　　にんにく、
　　　　　　　　しょうがを　　ひき肉を　調味料を
　　長ねぎを切る　加える　　　加えて　　加えて
　　　　　　　　　　　　　　　炒める　　炒める　完成

60分 ——————————————— 90分

Recipe 18 シンプルイズベストな野菜炒め

定番だけど奥深い野菜炒め。
焼肉のタレを加えて旨みアップ!

材料【直径26cmのフライパン1個分】

ピーマン…3個

玉ねぎ…1/2個

キャベツ…1/4個

豚バラ肉(薄切り)…250g

ごま油…大さじ1

Ⓐ 焼肉のタレ
…大さじ3〜4

しょうゆ…適宜

しょうがチューブ
…好みで

焼肉のタレとの
バランスで!
小さじ1〜大さじ1が
目安

作り方

1 ピーマンは縦半分に切り、横に1cm幅の細切りにする。
玉ねぎは8mm幅の薄切りにし、キャベツはざく切りにする。
豚肉は食べやすい大きさに切る。

ピーマン、ワタも
種も食べられるらしい。
チャレンジャーはぜひ

2 フライパンにごま油を熱し、
1の野菜を中火で炒める。

急ぎの時はフタをして
少し蒸しても。
しんなりするので、
好みで…

3 1の豚肉を加えて
さらに炒める。

個人的には火が通り過ぎて、
べちゃっとした野菜炒めが好き

4 Aを加え、混ぜながら炒める。
肉にしっかり火が通り、好みのしんなり具合になったら完成。

memo

わが家の焼肉のタレ
は「スタミナ源たれ」。
これは魔法の調味
料である。

冷蔵庫一掃！
チキンのトマト煮

肉も野菜も炊飯器にぎゅうぎゅう詰めたら、
おいしすぎるトマト煮の完成です！

材料【3合炊き炊飯器1台分】

キャベツ…1/4個

にんじん…1本

玉ねぎ…1個

ナス…1本

パプリカ（黄）…1/2個

しめじ…1袋

鶏もも肉…1枚（250g）

Ⓐ ホールトマト缶…1/2缶（200g）

水…200cc

固形コンソメ…2〜3個

ケチャップ…大さじ1

ソース…大さじ1

砂糖…小さじ1

作り方

1 キャベツはざく切りに、にんじんは1cm幅の半月切りに、玉ねぎは縦半分に切って1cm幅の薄切りにする。ナスは1.5cm幅の半月切りにする。パプリカは縦4等分にし、横に1cm幅の細切りにする。しめじは石づきを切り、手でほぐす。鶏肉は一口大に切る。

冷蔵庫にあるものをなんでもぶち込もう！トマトの包容力にカンパーイ！

memo

ナスは皮を縞目にむくと気分が上がる。

野菜は火の通りにくそうなものを下に、玉ねぎや葉物野菜は上に

2 1の野菜、鶏肉の順に炊飯器の内釜に入れる。

3 Ⓐを加え、クッキングシートで落としブタをして、普通炊飯をする。

灼熱地獄でちぢむがよい

4 60分ほど経ったらフタを開けてよく混ぜる。火が通ったか確認し、ケチャップ、ソース、塩各適量（分量外）で味を調える。

63

コーンたっぷり！
コールスロー

材料 ■■■■■■■■■■■■■■

【保存容器（大）1個分】

キャベツ…1/4個

にんじん…1本

Ⓐ マヨネーズ
　…大さじ3

酢…大さじ1

砂糖…小さじ2

こしょう…適量

スイートコーン
…1カップ程度

冷凍でも
缶詰でも

キャベツ1/4個ぺろり！野菜がたっぷり
食べられるヘルシーメニューです。

作り方

生のにんじんがニガテな方は
2分ほどレンチンを

1 キャベツは大きめのみじん切りにし、にんじんは5cm長さの細切りにする。ボウルに入れて塩小さじ1/2（分量外）を振り、軽くもんで10分ほど置く。

memo

しっかり
絞るのが
おいしさ
のコツ。

2 ボウルにⒶを入れて混ぜ、コーンを加える。

3 水気をしっかり絞った1を加え、よく混ぜる。

味見をして物足りなかったら、塩、
そして魅惑の追いマヨを！

Recipe 21 キャベツの海苔塩昆布和え

ざく切りしただけのキャベツが大変身！
昆布と海苔のWの風味でおいしさ倍増。

材料

【保存容器(大)1個分】

キャベツ…1/4個

Ⓐ 塩昆布…大さじ2程度
白いりごま…大さじ1
ごま油…大さじ1

きざみ海苔…全型1枚分

作り方

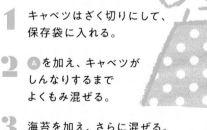

1 キャベツはざく切りにして、保存袋に入れる。

2 Ⓐを加え、キャベツがしんなりするまでよくもみ混ぜる。

3 海苔を加え、さらに混ぜる。

Recipe 22 救世主・肉みそ

ごはんにのせたり、レタスで巻いたり。
ストックしておくと何かと便利な万能レシピです。

材料【保存容器(小)1個分】

長ねぎ…1本
サラダ油…大さじ1
にんにくチューブ
…好みで
しょうがチューブ
…好みで

豚ひき肉
(合いびき肉でも可)
…300g

A 砂糖…大さじ3
　 みそ…大さじ3
　 しょうゆ…大さじ1

豚ひき肉だと
さっぱりめ。合いびき肉
だと旨みたっぷり

作り方

1 長ねぎはみじん切りにする。

2 フライパンにサラダ油を熱し、
1を中火でしんなりするまで炒め、
にんにくとしょうがを加える。

3 ひき肉を加え、
色が変わるまで炒める。

4 Aを加え、汁気がなくなるまで
混ぜながら炒める。

タイムアタック! ズボラ飯

最短3分で作れるズボラ飯をご紹介します。なんだか物足りない、
でもちゃんと作るのは面倒という時にお試しください。

納豆トースト

材料と作り方 【1人分】

食パン6枚切り1枚に、添付のタレを入
れて混ぜた納豆1パックを均等にのせ
る。マヨネーズとスライスチーズ各適量
を全体にかけて、トースターでチーズが
溶けるまで5〜8分焼く。好みできざみ
海苔適量をかける。

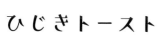

カレー粉があれば、
入れたらもっと
おいしい!

ひじきトースト

材料と作り方 【1人分】

食パン6枚切り1枚に、汁気を切った
「ひじきの煮物(P.20)」適量を均等に
のせる。マヨネーズとスライスチーズ
各適量を全体にかけて、トースターで
チーズが溶けるまで5〜8分焼く。

驚くほどパンに合う!
イタリアンな
組み合わせ

万能ひじき煮、
パンもいけちゃうん
です

トマト
チーズトースト

材料と作り方 【1人分】

食パン6枚切り1枚に、汁気を切った「ト
マトとチーズのオイル漬け(P.23)」適量
を均等にのせる。マヨネーズ適量を全
体にかけて、トースターで5〜8分焼く。

サバ缶
塩昆布丼

材料と作り方【1人分】

器に塩少々、砂糖小さじ1、酢小さじ1を混ぜる。ごはん1膳分を入れ、混ぜて酢飯にする。サバの水煮缶1/2缶をのせ、缶汁大さじ1、塩昆布大さじ1、きざみ海苔適量をかける。

酢飯を白米にしてしまえば、1分で作れるズボラ丼です

てんかす
温たま丼

材料と作り方【1人分】

器にごはん1膳分をよそっててんかす大さじ3、小口切りにした小ねぎ大さじ2、温泉卵1個をのせ、めんつゆ（4倍濃縮）大さじ1、白いりごま少々をかける。

温泉卵の作り方

卵1個を小さめの耐熱容器に割り、黄身にフォークで3か所ほど穴をあける。かぶるくらいの水を入れてラップをかけ、電子レンジで1分～1分20秒加熱して水を切る。

ズボラというより貧乏飯…。材料費は50円くらい！

8分で作る、
余力のある日のズボラ飯。
オムレツというより、
お好み焼き風?

白菜チーズ
オムレツ

材料と作り方【1人分】

白菜の葉大1枚を細切りにし、ラップをかけて電子レンジで3分加熱する。ボウルに卵2個を入れ、塩、しょうゆ各少々、ちぎったスライスチーズ1枚分、加熱した白菜を加えて混ぜる。フライパンにごま油大さじ1を中火で熱し、卵液を流し入れ、フタをして弱火で3分程度蒸す。半熟になったら半分に折り、ソース、マヨネーズ、かつお節をかける。

酸っぱいのが
ニガテなら、ケチャップや
砂糖を追加して

トマトリゾット

材料と作り方【1人分】

耐熱の大きめの深皿にホールトマト缶1/2缶、水大さじ2〜3、顆粒コンソメ大さじ1/2を入れて混ぜる。ごはん1膳分を加えて軽く混ぜ、スライスチーズ1枚、ベーコン2枚を食べやすく切ってのせる。ラップをかけて電子レンジで3分加熱し、全体を混ぜ、粉チーズ大さじ1をかける。

5
週目

秋のはじまりに
コトコト煮込む

実りの秋、食べ物がおいしい秋。
夏でバテバテになった食欲が解放される秋。

さつまいもが大好きな私は、スーパーでいろいろな品種を
片っ端から試します。今週はこれ、来週は隣の、
再来週は……と試していると、あれれ、見たことのない
さつまいもが増えている。しかもなんとまあ
ハイカラな名前で…多分そいつはニュータイプ。
私流、ちいさい秋の見つけ方です。

ところで、秋になったら解禁したいのがもう1つ。
煮込み料理である。

夏に敬遠していたあんな料理やこんな料理、そんな料理が
やっと作れる。寒い部屋も暖かくなり、心なしか湿度も
上がり一石二鳥。なんと原始的、加湿器いらず(かも)。

何より煮込み料理のメリットは放っておけるところ。
洗い物をしたり、片付けたりしている間にほらよっと
できあがります。

秋のはじまりにコトコト煮込もう〜。

今週のおかず

プチプチ
にんじんたらこ炒め P.81

鶏と野菜の
塩だしスープ P.78

ひじきのツナ和え・
枝豆バージョン P.80

アスパラガスの塩焼き P.82

揚げない
ホクホク大学いも P.83

ちょっと甘めの
ミートソース P.76

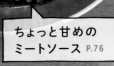

今週のお買い物

〈肉〉

- 合いびき肉…400g
- 鶏もも肉…1枚(250g)

〈野菜類〉

- ごぼう…1/4本
- さつまいも…中1本(小2本)
- 大根…5cm
- 玉ねぎ…1個
- にんじん…1本
- グリーンアスパラガス…1束
- 白菜…1/8株
- しいたけ…1パック

〈その他〉

- 枝豆(冷凍)…50g
- たらこ…大さじ3
- ひじき(乾燥)…15g
- ツナ缶…1缶
- ホールトマト缶…400g

塩だしスープは鶏肉やきのこから出る
だしが旨みの決め手。他の野菜はなんでも合うので、
冷蔵庫にあるものでアレンジしてみてください。
ミートソースはひき肉と玉ねぎのみで作りましたが、
にんじんがあったら入れるともっとおいしい!
乾燥ひじきは何かと使えるので、
いつも家に常備しています。

作り置きタイムスケジュール

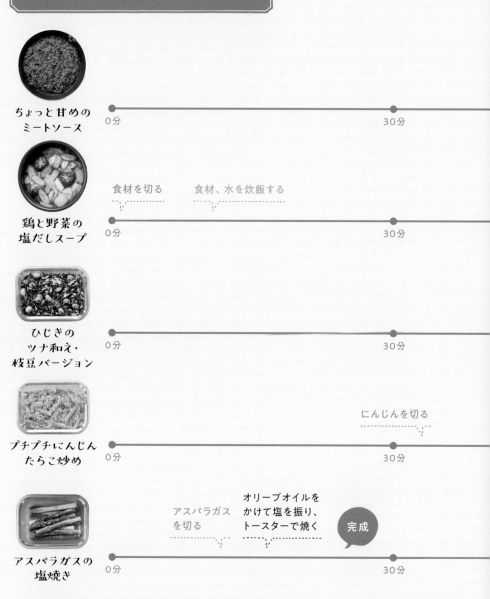

**ちょっと甘めの
ミートソース**

0分 ——————————————————————— 30分

**鶏と野菜の
塩だしスープ**

食材を切る　食材、水を炊飯する

0分 ——————————————————————— 30分

**ひじきの
ツナ和え・
枝豆バージョン**

0分 ——————————————————————— 30分

**プチプチにんじん
たらこ炒め**

にんじんを切る

0分 ——————————————————————— 30分

**アスパラガスの
塩焼き**

アスパラガス
を切る　　オリーブオイルを
かけて塩を振り、
トースターで焼く　　完成

0分 ——————————————————————— 30分

**揚げないホクホク
大学いも**

さつまいも
を切る　　さつまいも
をレンジ加熱　さつまいも
を炒める　　調味料を
加えて煮絡め
ごまを振る

0分 ——————————————————————— 30分

74

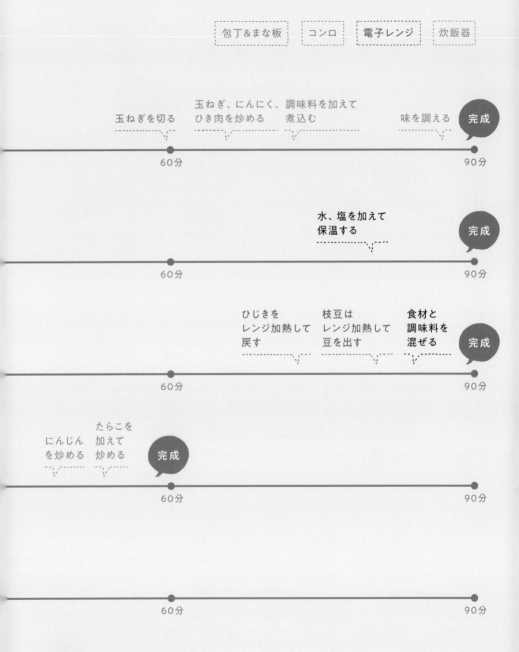

包丁&まな板　　コンロ　　電子レンジ　　炊飯器

玉ねぎを切る　　玉ねぎ、にんにく、　調味料を加えて　　　　　味を調える　　完成
　　　　　　　　ひき肉を炒める　　　煮込む

60分　　　　　　　　　　　　　　　　　　　　　　　　　　　90分

水、塩を加えて
保温する　　　　　　　　完成

60分　　　　　　　　　　　　　　　　　　　　　　　　　　　90分

ひじきを　　　枝豆は　　　食材と
レンジ加熱して　レンジ加熱して　調味料を
戻す　　　　　豆を出す　　　混ぜる　　完成

60分　　　　　　　　　　　　　　　　　　　　　　　　　　　90分

たらこを
にんじん　加えて
を炒める　炒める　　完成

60分　　　　　　　　　　　　　　　　　　　　　　　　　　　90分

60分　　　　　　　　　　　　　　　　　　　　　　　　　　　90分

完成

60分　　　　　　　　　　　　　　　　　　　　　　　　　　　90分

ちょっと甘めの
ミートソース

冷蔵庫に手作りミートソースがある幸せ。
パスタにもごはんにも合います。
私が好きなちょっと甘めの味付けです。

材 料 【直径26cmのフライパン1個分】

玉ねぎ…1個

サラダ油…大さじ1

にんにくチューブ
…3cm程度

合いびき肉…
400g

Ⓐ ホールトマト缶…1缶（400g）

固形コンソメ…1〜2個

ソース…大さじ2

ケチャップ…大さじ2

砂糖…大さじ1

塩・こしょう…各適量

にんじん、きのこなど
入れてもおいしい
（※面倒だったので
玉ねぎオンリー）

●この本をどこでお知りになりましたか?(複数回答可)

1. 書店で実物を見て　　　　　　2. 知人にすすめられて
3. SNSで(Twitter:　　　　Instagram:　　　その他　　　)
4. テレビで観た(番組名:　　　　　　　　　　　　　　　)
5. 新聞広告(　　　　　新聞)　6. その他(　　　　　　　)

●購入された動機は何ですか?(複数回答可)

1. 著者にひかれた　　　　　　　2. タイトルにひかれた
3. テーマに興味をもった　　　　4. 装丁・デザインにひかれた
5. その他(　　　　　　　　　　　　　　　　　　　　　)

●この本で特に良かったページはありますか?

●最近気になる人や話題はありますか?

●この本についてのご意見・ご感想をお書きください。

以上となります。ご協力ありがとうございました。

郵便はがき

| 1 | 5 | 0 | - | 8 | 4 | 8 | 2 |

東京都渋谷区恵比寿 4-4-9
えびす大黒ビル
ワニブックス書籍編集部

お手数ですが
切手を
お貼りください

― お買い求めいただいた本のタイトル ―

本書をお買い上げいただきまして、誠にありがとうございます。
本アンケートにお答えいただけたら幸いです。
ご返信いただいた方の中から、
抽選で毎月5名様に図書カード(500円分)をプレゼントします。

ご住所　〒

TEL（　　　-　　　-　　　）

（ふりがな）
お名前

年齢

歳

ご職業

性別

男・女・無回答

いただいたご感想を、新聞広告などに匿名で
使用してもよろしいですか？　（はい・いいえ）

※ご記入いただいた「個人情報」は、許可なく他の目的で使用することはありません。
※いただいたご感想は、一部内容を改変させていただく可能性があります。

1 玉ねぎは
みじん切りにする。

みじん切り、イヤすぎる！
でも、この関門を
突破すればあとはラク

memo

半分に切った玉
ねぎに、まず縦
に切り込みを入
れて半回転さ
せ、横から切り
込みを入れる。
その状態で右端
から切ると比較
的カンタン。

2 フライパンにサラダ油を熱し、1とにんにくを入れて中火で炒める。
しんなりしてきたら、ひき肉を入れてさらに炒める。

赤ワインがあったら
入れてもいい

3 ひき肉の色が変わったら Ⓐ を入れ、
ときどき混ぜながら、弱火でしばらく煮込む。

あとは放置、
放置しすぎると、焦げるので
注意……

4 20分ほど経ち汁気がなくなってきたら、
塩・こしょうで味を調える。

汁気がなくなるまで
しっかり煮込むのが
おいしさの秘訣

鶏と野菜の塩だしスープ

鶏のだしと塩だけで味が決まる、
炊飯器にお任せの食べるスープ。
鍋を連想する具材だけど、お餅を入れても合います。

材 料【3合炊き炊飯器1台分】

大根…5cm	鶏もも肉…1枚 (250g)
ごぼう…1/4本	水…300cc+300cc
白菜…1/8株	塩…小さじ1
しいたけ…1パック	

具材は正直なんでもいい。
季節のお買い得食材を
ぶち込もう

1 大根は5mm厚さのいちょう切りにする。
ごぼうはよく洗い、皮つきのまま斜め薄切りにして水にさらす。
白菜は3～4cm幅のざく切りにする。
しいたけはかさと軸に分け、軸は割いておく。

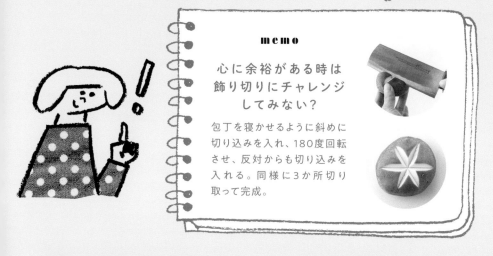

memo

心に余裕がある時は 飾り切りにチャレンジ してみない?

包丁を寝かせるように斜めに切り込みを入れ、180度回転させ、反対からも切り込みを入れる。同様に3か所切り取って完成。

2 鶏肉は開いて、一口大に切る。
塩少々(分量外)を振りかけてもみ込む。

水が多いと
吹きこぼれやすいから、
まずは300cc

3 炊飯器の内釜に1、2、水300ccを入れ、
クッキングシートで落としブタをして、普通炊飯する。

4 炊けたら、追加で水300ccを入れて
塩で味を調え、保温して温める。

飽きてきた頃に
豆乳を入れてもおいしいよ

ひじきのツナ和え・枝豆バージョン

材料 ■■■■■■■■■■■■■■
【保存容器(小)1個分】

ひじき(乾燥)
…15g

枝豆(冷凍)
…50g(正味)

ツナ缶…1缶

Ⓐ 白すりごま…大さじ1

　マヨネーズ
　…大さじ2程度

　めんつゆ(ストレート)
　…大さじ1

塩・こしょう…各適量

■■■■■■■■■■■■■■■

> 枝豆がなかったら
> ほうれん草でも
> おいしい

パパッと作れていろどりもきれい。栄養満点でお得な気分になれます。

> レンジで
> 時短!

作り方

1 ひじきとひたひたの水を耐熱容器に入れ、電子レンジで2分ほど加熱する。3分ほど置いて戻し、ざるにあけて軽く洗い、水気を切る。

2 枝豆は袋の表示通りに電子レンジで加熱して、さやから豆を出す。

3 ボウルに1、2、油を切ったツナ、Ⓐを入れてよく混ぜる。塩・こしょうで味を調える。

> ツナマヨは
> あらゆるものを
> 包み込んでくれる
> 存在

Recipe 26 プチプチ にんじんたらこ炒め

材料は3つだけ！たらこのほどよい塩気が
にんじんの甘さを引き立てます。

材料
【保存容器（小）1個分】

にんじん…1本
たらこ…大さじ3
サラダ油
…大さじ1

作り方

1 にんじんは細切りにする。

2 フライパンにサラダ油を熱し、1を中火で炒める。
油が全体に回ったら水大さじ2〜3（分量外）を
入れ、フタをして2〜3分蒸す。

3 にんじんが
やわらかくなったら、
たらこを入れ、全体に
なじむまで炒める。

> 水を少〜し、
> 蒸し〜

> たらこの皮は
> 除いたほうが見栄えがいい。
> 私は栄養にするけど。
> 味見をして、甘さがほしければ、
> 砂糖を追加しても

アスパラガスの塩焼き

オイルを絡めてトースターで焼くだけ！
シンプルだからこそ、アスパラが甘～い。

材料
【保存容器（小）1個分】

グリーン
アスパラガス
…1束

オリーブオイル
…適量

塩…ひとつまみ

作り方

1 アスパラガスの
根元側を1cm
ほど落とし、長さ
を半分に切る。

2 アルミホイルの端を折り曲げてトレイのようにし、
1のアスパラガスを並べる。オリーブオイルを
回しかけて、塩を振る。

3 オーブントースターに
入れ、10分ほど焼く。

> 軽く
焼き目がつくまで
フライパンで
焼いたっていい

> オリーブオイルは
全体に絡まるくらい

memo

根元の方は硬い
ので、心に余裕の
ある人はピーラー
で軽くむこう。

Recipe 28 揚げない ホクホク大学いも

甘いタレがたまらない〜。
多めの油で焼くと、よりホクホクになります。

材料
【保存容器(小)1個分】

さつまいも
…中1本

サラダ油
…大さじ2

砂糖…大さじ2

しょうゆ
…大さじ1

白いりごま
…大さじ2

作り方

1 さつまいもはよく洗い、皮付きのまま
乱切りにし、水にさらす。

2 水を切ったさつまいもを耐熱皿に入れ、
ラップをかけて電子レンジで3〜4分加熱する。

> レンジで時短。
> ここでは8割程度
> 火が通ればよい

3 2をフライパンに入れ、サラダ油を
回しかけて熱し、強火で炒める。

> ごまは
> 多めに入れて
> 香ばしさアップ

4 さつまいもに焼き色がつき火が通ったら、砂糖と
しょうゆを加えて煮詰めながら全体に絡め、ごまを振る。

6
週目

元気になる！
中華のおかず

子供の頃キライだった食べ物が、
大人になって大好物になった。
そう、奴の名は酢豚。

なんだろう、なぜかニガテでした。
多分おかずと思っていなくて、ごはんどうやって食べよう？
と頭を悩ませていた気がします。
私が育った家はすごく放任主義だった反面、
食事に関してわりとスパルタでした。
詳しく説明するとドン引かれるので省きますが、
出されたものは完食、が絶対ルール。
でも思うんですよね、料理をする人間のキライなものは
食卓には並ばないし、大人って矛盾しているなあ……と。

そんな子供の頃の私が特にニガテだった酢豚、今では大好物。
大人になり自分好みの酢豚に出会い
大好きになってしまった、すごくカンタンに。
酢豚はおかずになりえるし、単純に味付けの
好みだったのかなあ、と今では思います。
絶対に無理と思っていたことが、カンタンにコロ…と
ひっくり返る体験は、自分でも衝撃でした。

どうか世界中が、食の好みに寛容になりますように。
食を選択できる時代に生まれたことに感謝。

ゴロゴロ玉ねぎの
肉詰めスープ P.92

白菜梅おかかマヨ P.94

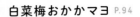

砂糖としょうゆだけの
エコな味玉 P.96

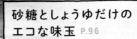

やわらか〜い
豚こま団子酢豚 P.90

ほうれん草と
もやしのナムル P.95

今週のお買い物

〈肉〉

- 豚こま切れ肉（薄切り）…350g
- 豚ひき肉…100g

〈野菜類〉

- 玉ねぎ…3個
- にんじん…1本
- 白菜…1/8個
- パプリカ（黄）…1/2個
- ピーマン…3個
- ほうれん草…1束
- ミニトマト…10個程度
- もやし…1袋
- しめじ…1/2袋

〈その他〉

- 卵…7個
- 梅干し…3個
- かつお節…5g
- 塩昆布…大さじ1

酢豚は鶏もも肉で作って酢鶏にしても。
むしろその方が肉を丸める手間がなくなってカンタンかも…。
しめじやしいたけなど、きのこを追加するのもおすすめです。
白菜の梅おかかマヨはレタスやきゅうりなど、
他のサラダ系の野菜で代用できます。
玉ねぎの肉詰めスープは、玉ねぎ大2個を
小4個に変更するとかわいい仕上がりに！

作り置きタイムスケジュール

**やわらか〜い
豚こま団子酢豚**

0分 ——————————————————— 30分 ———

食材を切る　　にんじんを
レンジ加熱　　食材を炒める

**ゴロゴロ玉ねぎ
の肉詰めスープ**

0分 ——————————————————— 30分 ———

玉ねぎを
切って　　　タネを作って　食材、調味料を
内側を外す　詰める　　　　炊飯する

**白菜
梅おかかマヨ**

0分 ——————————————————— 30分 ———

**ほうれん草と
もやしのナムル**

0分 ——————————————————— 30分 ———

ほうれん草　ほうれん草
を切る　　　をレンジ加熱

**砂糖としょうゆ
だけのエコな
味玉**

0分 ——————————————————— 30分 ———

卵を茹でて　　保存袋に卵、
殻をむく　　　調味料を入れる

完成

包丁&まな板　コンロ　電子レンジ　炊飯器

豚肉を丸め、
フライパンに
加えて焼く

調味料を
加えて炒
める

完成

60分　　　　　　　　　　　　　　　　　　　　90分

味を調える　完成

60分　　　　　　　　　　　　　　　　　　　　90分

白菜を
切る

白菜を
レンジ加熱

白菜と調味料を
混ぜる

完成

60分　　　　　　　　　　　　　　　　　　　　90分

もやしを
レンジ加熱

食材と調味料を
混ぜる

完成

60分　　　　　　　　　　　　　　　　　　　　90分

60分　　　　　　　　　　　　　　　　　　　　90分

Recipe 29

やわらか～い 豚こま団子酢豚

揚げずに作れるお手軽酢豚。
少し甘めのやさしい味付けです。

材料【直径26cmのフライパン1個分】

にんじん…1本

ピーマン…3個

パプリカ（黄）
…1/2個

玉ねぎ…1個

ごま油…大さじ1

豚こま切れ肉
（薄切り）…350g

Ⓐ しょうゆ…小さじ1

　しょうがチューブ
　…5cm程度

片栗粉…大さじ2

Ⓑ 水…100cc

砂糖…大さじ3

ケチャップ…大さじ3

酢…大さじ3

しょうゆ…大さじ2

片栗粉…小さじ2

作り方

1 にんじんは薄めの乱切りにする。耐熱皿に入れてラップをかけ、
電子レンジで3分加熱する。ピーマンとパプリカは一口大に切る。
玉ねぎはくし形切りにする。

にんじんだけ
火が通りにくいので、
チン

2 フライパンにごま油を熱し、ピーマンとパプリカ、
玉ねぎ、にんじんの順に弱中火で炒める。

炒めている間に
やろう

3 豚肉をボウルに入れ、Ⓐを加えて混ぜる。
肉を一口大に丸めて片側に寄せ、
空いたところに片栗粉を入れてまぶす。

面倒な場合は3は省き、
ありのままの豚肉でOK

memo

全体に
まぶそう。

4 2のフライパンの真ん中を空けて3を入れ、
中火にして転がしながら、全面に焼き色をつける。

野菜と肉でぎゅうぎゅうですが、全面焼いていくよ

5 肉に火が通ったら、Ⓑをよく混ぜてフライパンに回し入れ、
とろみが出るまで炒め合わせる。

Recipe 30 ゴロゴロ玉ねぎの肉詰めスープ

新玉ねぎの時季に作りたい、
ぎゅうぎゅうに肉を詰めたボリューム満点スープ。
肉汁が溶け出して美味!

材料【3合炊き炊飯器1台分】

玉ねぎ（大）…2個

玉ねぎは
小さめ4個でも
かわいい

Ⓐ 豚ひき肉…100g
卵…1個
塩…小さじ1/4程度
こしょう…好みで

しめじ…1/2袋
ミニトマト…10個程度
固形コンソメ…2個
水…300cc
塩・こしょう…各少々

作り方

1 玉ねぎは横半分に切り、外側3〜4枚を残してスプーンで内側を外す。
外した玉ねぎの内側はみじん切りにする。

> 小さい玉ねぎなら
> 根を落としたところから
> 内側をくり抜き、
> 丸のまんま肉詰めにすると
> オシャレ感増し増し

memo

くり抜くようにして
ぐっと外す。

2 1のみじん切りにした玉ねぎと Ⓐ をボウルに入れ、
粘り気が出るまで手でよく混ぜる。

3 1の内側を外した玉ねぎに2の肉ダネを均等に詰める。

4 3を炊飯器の内釜に入れる。しめじは石づきを切ってほぐし、
ミニトマトはヘタを取り、順に加える。

> しめじはカサ増し要員
> トマトはいろどり要員

5 コンソメと水を加え、クッキングシートで
落としブタをして、普通炊飯をする。

6 60分ほど経ったらフタを開けて混ぜる。
火が通ったか確認し、塩・こしょうで味を調える。

memo

肉なしで玉ねぎ丸まんまだけ
のスープも美味。スープなら、
小玉の方が確実にかわいい。

Recipe 31 白菜梅おかかマヨ

旨み食材の合わせ技で絶妙な味に。
ごはんに合う和風の和え物です。

材料
【保存容器（大）1個分】

白菜…1/8株

梅干し…3個

A かつお節…5g

塩昆布…大さじ1

マヨネーズ…大さじ3

白いりごま…適量

作り方

好みの
しんなり具合に
なったらOK

1 白菜は1cm幅の
ざく切りにする。耐熱皿に入れて
ラップをかけ、電子レンジで3〜4分加熱する。

2 白菜は水にさらして粗熱を取り、
しっかり絞ってボウルに入れる。

3 梅干しは種を取り除き、包丁で叩く。

4 2のボウルに3、 A を加えて混ぜる。

Recipe 32 ほうれん草と もやしのナムル

にんにくとごま油の香りが効いてる〜！
安いもやしが大活躍します。

材料
【保存容器（大）1個分】

ほうれん草…1束

もやし…1袋

Ⓐ 鶏ガラスープの素…小さじ1

　砂糖…小さじ1

　しょうゆ…小さじ2

　ごま油…小さじ1

　にんにくチューブ…好みで

　白いりごま…適量

作り方

1 ほうれん草は根元を切り落とし、5cm長さに切る。耐熱皿に入れてラップをかけ、電子レンジで3分加熱する。

2 もやしは耐熱皿に入れてラップをかけ、電子レンジで3分加熱する。

3 ボウルに1と2を入れ、Ⓐを加えてよく混ぜる。

レンチン、選手の交代です

砂糖としょうゆだけの エコな味玉

袋で作れば調味料が少なくても大丈夫。
日が経つごとに味がしみていきます。

材料
【6個分】

卵…6個

Ⓐ 砂糖…大さじ1
　しょうゆ…大さじ2
　水…大さじ1〜2

作り方

1 鍋に湯を沸かし、
冷蔵庫から取り出した
卵を入れて10分茹でる。
水にとって冷まし、殻をむく。

> 10分はかた茹で。
> 好みで〇Kだけど、
> 数日置くなら
> かためが安心。

2 チャック付きの保存袋に
Ⓐを入れて混ぜ、1を入れる。

> あとは
> 3時間ほど
> おくだけ

すべて解決!
救済カレー

カレーってすごい。すべてのマイナスを相殺する力がある。

例えば、イマイチな料理を生み出してしまったとします。
己を呪い悲しみに明け暮れる人もいれば、すべてを
捨ててなかったことにしてしまう人もいるでしょう。
でも、その前に一度試してみてほしいのです。
どんな料理でもカレーにするという最終手段が
残されているのだから。
失敗した時だけでなく、鍋やスープ、煮物などなど、飽きたなあ…
という時もカレーに進化させてみてはいかがでしょうか?
私の経験上、塩分少なめの料理の方が
カレー向きのような気がします
(ガッツリ味のついた料理をカレーにすると
塩分が気になる時があるのです)。
適当な野菜を切り、レンチンして追加するのもあり。
じゃがいも、にんじん、玉ねぎという世間の常識に
囚われる必要もなし。
救済カレー、お試しあれ。

材料と作り方
【作りやすい分量】

適量の鍋料理やスープ
などを鍋で温め、カレー
ルー適量を混ぜ溶かす。

7
週目

ほっこり
体も心も温まる

しょうが焼き大好きを名乗る私は、あらゆるものを豚と
マッチングさせ、しょうが焼きにしてきた
経歴の持ち主(？)です。

そんなしょうが焼きニスト(？)が一番好きな組み合わせは、
ズバリかぼちゃ。

意外に思う人も多かろうと思います。自分もそう。
なんとなく、そう、そこにかぼちゃが余っていたから！
そんな消極的な動機でマッチングさせた人間の1人。
しかしその日からしょうが焼き部門No.1の座は
塗り替えられ、王者として君臨すること幾星霜。
いまだその称号は奪われておらず…。
甘いものとしょっぱいもの、相性いいに決まってますよね。

ところで今週は食材を使いまわしたメニューになっていま
す。豚肉、かぼちゃ、長いも、きゅうり、この4つです。

これは偶然ではなく戦略。
制限をつけることで献立が決めやすくなり、
食材の数も減り買い物が少〜しラクになるのです。

タイムイズマネー！

今週のおかず

ほっこり甘いかぼちゃ
豆乳スープ P.106

長いもときゅうりの
塩昆布和え P.109

しいたけが主役！
野菜の照り焼き P.108

豚とかぼちゃの
しょうが焼き P.104

きゅうりとちくわの
からしマヨ P.110

今週のお買い物

〈肉〉

- 豚バラ肉（薄切り）…500g

〈野菜類〉

- かぼちゃ…小1/2個
- 玉ねぎ…1個
- 長いも…15cm
- きゅうり…2本
- ピーマン…3個
- しいたけ…6個
- しめじ…1袋

〈その他〉

- バター…20g
- 豆乳…400cc
- 塩昆布…大さじ2
- ちくわ…3本

豚肉、かぼちゃ、長いも、きゅうりを使いまわし！
かぼちゃは小1/2個を購入しましたが、
中サイズなら1/4個くらいが目安。
しょうが焼きとスープで1：2に分けて使用しました。
塩昆布は常備しておくと
ひと味足りない時に重宝します。

作り置きタイムスケジュール

**豚とかぼちゃの
しょうが焼き**

0分　　　　　　　　　　　　　　　　　　30分

食材を切る　　かぼちゃをレンジ加熱

**ほっこり甘い
かぼちゃ
豆乳スープ**

0分　　　　　　　　　　　　　　　　　　30分

食材を切る　　食材、調味料を
炊飯する

**しいたけが主役!
野菜の照り焼き**

0分　　　　　　　　　　　　　　　　　　30分

食材を切る　　食材を焼く　　調味料を加えて
煮絡める

完成

**長いもときゅうり
の塩昆布和え**

0分　　　　　　　　　　　　　　　　　　30分

**きゅうりとちくわ
のからしマヨ**

0分　　　　　　　　　　　　　　　　　　30分

包丁&まな板　コンロ　電子レンジ　炊飯器

豚肉、　　　　調味料を加えて煮絡め、
かぼちゃを焼く　ごまを振る　　　　完成

60分　　　　　　　　　　　　　　　　　90分

調味料を加えて
保温する　　　　　　　　　完成

60分　　　　　　　　　　　　　　　　　90分

60分　　　　　　　　　　　　　　　　　90分

食材と
調味料を
食材を切る　混ぜる　　完成

60分　　　　　　　　　　　　　　　　　90分

調味料を
食材を　混ぜて食材と
切る　　和える　　完成

60分　　　　　　　　　　　　　　　　　90分

Recipe 34

豚とかぼちゃの しょうが焼き

焼いたかぼちゃがホクホク!
甘辛の味付けで
ごはんが進みます。

材料【保存容器（大）1個分】

かぼちゃ…小1/6個

豚バラ肉（薄切り）
…300g

サラダ油…大さじ1

Ⓐ 砂糖…大さじ1

しょうゆ…大さじ2

しょうがチューブ…15cm程度

白いりごま…適量

作り方

1 かぼちゃはワタと種を取り、5mm幅の薄切りにする。
豚肉は食べやすい大きさに切る。

かぼちゃは切る前に
まるごとラップで包んで
2～3分レンジ加熱すると
切りやすくなるよ

2 1のかぼちゃを耐熱皿に入れてラップをかけ、
電子レンジで2～3分加熱する。

3 フライパンにサラダ油を熱し、豚肉を中火で炒める。
肉の色が変わってきたらかぼちゃを加える。
焼き目がついたら裏返し、裏面にも焼き目をつける。

かぼちゃIN！
焼き目がつくまで
あまりさわらずに放置

4 かぼちゃに火が通ったら、Ⓐを加えて
全体に絡め、ごまを振る。

お酢を大さじ1くらい入れてもおいしい

memo

かぼちゃに菜箸を
刺して火が通った
か確認。

ほっこり甘い
かぼちゃ豆乳スープ

炊飯器にお任せでとろとろポタージュの完成。
ミキサーや裏ごしはいりません！

材料【3合炊き炊飯器1台分】

かぼちゃ…小1/3個	Ⓐ 水…300cc	固形コンソメ
玉ねぎ…1個	塩…適量	…1個
しめじ…1袋	バター…20g	みそ…大さじ1
豚バラ肉（薄切り）…200g	豆乳…400cc	

1　かぼちゃはワタと種を取り、3cm角に切る。
玉ねぎは縦半分に切り、薄切りにする。しめじは石づきを切ってほぐす。
豚肉は食べやすい大きさに切る。

かぼちゃは
皮付きでOK

memo

切ったものから順に炊飯器に入れちゃおう。

2　かぼちゃ、玉ねぎ、しめじの順に炊飯器の内釜に入れ、
上に豚肉を広げてのせる。

3　Ⓐを加え、クッキングシートで落としブタをして、
普通炊飯をする。

豆乳は熱を加えると
分離するので
最後に入れる

4　50分ほど経ったらフタを開けて混ぜる。かぼちゃに火が通ったか
確認し、豆乳を加え、コンソメとみそを溶かし入れる。

かぼちゃに菜箸を刺してみて、すっと通ったらOK

5　再度フタをして保温し、
沸騰しない程度に温めて完成。

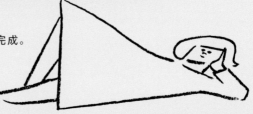

Recipe 36 しいたけが主役！野菜の照り焼き

しいたけの香りと旨みで照り焼きがぐんと
おいしくなります。焦らずじっくり焼くのがポイント。

材料 ▪▪▪▪▪▪▪▪▪▪▪▪▪▪▪▪▪▪▪

【保存容器（大）1個分】

ピーマン…3個

長いも…8cm程度

しいたけ…6個

サラダ油…大さじ1

砂糖…大さじ1

しょうゆ…大さじ2

> あまり
> 動かさずにじっくり
> 焼き目をつけて

作り方

> 余裕がある時はしいたけを
> 飾り切りにするとかわいい。
> やり方はP.79

1 ピーマンは縦4等分に切る。
長いもは細い場合は8mm幅の
半月切り、太い場合はいちょう切り
にする。しいたけは軸を切る。

2 フライパンにサラダ油を熱し、1を
中火で片面ずつ火が通るまで焼く。

3 フライパンの真ん中を開けて砂糖と
しょうゆを入れ、煮立たせる。
煮詰まってきたら、具材を真ん中に
寄せて全体に絡める。

memo

煮詰めてから
絡めると時短！

Recipe 37 長いもときゅうりの塩昆布和え

切って和えるだけ♪ あえて味付けは薄めに。
お好みでドレッシングやしょうゆをかけて。

材料

【保存容器（大）1個分】

きゅうり…1本

長いも
…7cm程度

Ⓐ 塩昆布
　…大さじ2
　白いりごま
　…大さじ1

作り方

1 きゅうりは縦半分に切り、5mm幅の斜め薄切りにする。長いもは5cm長さの細切りにする。

2 きゅうりと長いもをボウルに入れ、Ⓐを加えてよく混ぜる。

memo

細切りにしたい時の妥協案がこの切り方。ハードルは下げてなんぼ。自分にやさしくあれ〜。

memo 梅おかかにアレンジ！

Ⓐを、種を取って刻んだ梅干し2個、かつお節5g、しょうゆ少々に変えるだけ。

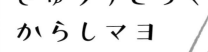

きゅうりとちくわの からしマヨ

和えるだけのカンタン副菜。
ツンと刺激のあるからしマヨがクセになります。

材料 ■■■■■■■■■■■■■■■■■
【保存容器（小）1個分】

きゅうり…1本

ちくわ…3本

Ⓐ マヨネーズ…適量

しょうゆ…適量

からし…適量

白いりごま…適量

■■■■■■■■■■■■■■■■■

作り方

1 きゅうりは縦4等分に切り、5cm長さに切る。
ちくわは縦4等分に切り、長さを半分に切る。

2 Ⓐを保存容器で混ぜ合わせ、
1を入れて和える。

からしは
納豆に付いてきたものを
2個入れた。
納豆ありがとう!

豆乳使いまわし！

豆乳が大好きで、いろいろアレンジして食べています。
麺を入れて主食にしたり、肉や野菜を入れてスープにしたり。
ここでは私のお気に入りの一部をご紹介します。分量はすべて1人分で、
だいたい200ccくらいです。肉や野菜はスープに入れて煮込んでも
いいですが、沸騰させると豆乳が分離してしまうので、気になるようでしたら
火を通してからスープに加えてください。面倒ならレンチンでOK。

豆乳ごまスープ

材料と作り方

鍋に豆乳100cc、水50cc、めんつゆ（4倍濃縮）小さじ2、白すりごま大さじ1、ごま油小さじ1を入れて混ぜながら温める。

冷やしてつけ麺風にしても！

おすすめの具材 そうめん うどん サバ缶

豆乳みそスープ

材料と作り方

鍋に豆乳100cc、水100cc、みそ小さじ1、めんつゆ（4倍濃縮）小さじ1を入れて混ぜながら温める。

おすすめの具材 豚肉 キャベツ レタス もやし

豆乳コンソメスープ

材料と作り方

鍋に豆乳100cc、水100cc、顆粒コンソメ小さじ1、こしょう適量を入れて混ぜながら温める。

おすすめの具材 ソーセージ コーン 冷凍野菜

豆乳さっぱり梅スープ

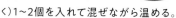

材料と作り方

鍋に豆乳100cc、水100cc、めんつゆ（4倍濃縮）小さじ1、梅干し（種を取って叩く）1〜2個を入れて混ぜながら温める。

おすすめの具材 水菜 豆腐

豆乳とカレー缶

材料と作り方

鍋に豆乳100cc、カレー缶1缶（115g）、しょうゆ小さじ1を入れて混ぜながら温める。

おすすめの具材 うどん

いなば食品の「バターチキンカレー」がおすすめ！

8 週目

今週は
ちょっと豪華に

面倒な時は鍋、もしくはカレーに限る。
カレーは飽きやすいのでどちらかといえば鍋推しの私。

今までいろいろと偉そうに言ってきたけれど、
なんだかんだで鍋最強。野菜もお肉も同時に食べられ、
調理もカンタン。鍋ばんざーい！
365日鍋生活とかラク…い、いや、楽しそう…！

鍋の中でもすき焼きが大好きです。
だってなんだか、すごく食べたって
満足感がありませんか？　卵のおかげかな？
地域によって作り方が違うみたいですが、
私は北国生まれ北国育ちなので今回は東風のすき焼きに。
中学？高校？の修学旅行で焼かずに煮るタイプの
すき焼きが出た時の衝撃はいまだに忘れられません。
すき焼きじゃないじゃん、鍋じゃん、って。
「肉焼かんのかーい！　煮るんかーい！」って、
かなりの衝撃でした…。

今週は豪華なフリをしていますが、すき焼きに
牛肉ではなく豚肉を使用することで材料費の削減に成功。
将来大富豪になって、毎日牛を食べるんだ…。

ブロッコリーと
卵のツナサラダ P.122

じゃがコーンポタージュ P.120

カラフルパプリカの
焼きマリネ P.123

旨みたっぷり
トマトすき焼き P.118

たっぷりきのこの
当座煮 P.124

〈肉〉

• 豚こま切れ肉（薄切り）…300g

〈野菜類〉

• じゃがいも…2個
• 玉ねぎ…2個
• にんじん…1本
• トマト…2個
• 長ねぎ…1本

• パプリカ（赤・黄）…各1個
• ブロッコリー…1房
• えのきだけ…2袋
• しいたけ…4個
• しめじ…1袋

〈その他〉

• 卵…2個
• 牛乳…300cc
• バター…10g
• 牛脂…10g
• 固形コンソメ…2個
• スイートコーン（冷凍でも缶詰でも）…200g
• ツナ缶…1缶

すき焼きは白菜や豆腐などを追加して、
もっと具だくさんにしても。
もちろん、お財布に余裕のある時は牛肉にするとさらに豪華に！
じゃがコーンポタージュは牛乳の代わりに
豆乳を使ってもおいしいです。
きのこの当座煮は、どんなきのこでも合うので
お好きなもので作ってみてください。
何種類か入れてもいいですし、1種類だけでもOK。

作り置きタイムスケジュール

**旨みたっぷり
トマトすき焼き**

0分 ————————————●———————————— 30分

**じゃがコーン
ポタージュ**

食材を切る　食材、コーン、
　　　　　　調味料を炊飯する

0分 ●————————————————————————●———— 30分

**ブロッコリーと
卵のツナサラダ**

0分 ●————————————————————————●———— 30分

**カラフル
パプリカの
焼きマリネ**

パプリカを　　パプリカ　　調味料を混ぜて
切る　　　　　を焼く　　　パプリカを　　　完成
　　　　　　　　　　　　　和える

0分 ●————————————————————————●———— 30分

**たっぷりきのこの
当座煮**

きのこを　　　　きのこを
ほぐす　　　　　炒める

0分 ●————————————————————————●———— 30分

**割り下を
作る**　食材を
切る　食材を
炒める　　残りの食材を
切る　フライパンに割り下、
残りの食材を加え、
蒸し焼きにする　完成

60分　　　　　　　　　　　　　　　　　90分

じゃがいもをつぶし、
残りの調味料を加えて保温する　完成

60分　　　　　　　　　　　　　　　　　90分

ブロッコリー
を切る　ブロッコリーを
レンジ加熱　卵を
レンジ加熱　食材、ツナ缶、
調味料を
混ぜる　完成

60分　　　　　　　　　　　　　　　　　90分

60分　　　　　　　　　　　　　　　　　90分

調味料を
加えて
炒める　完成

60分　　　　　　　　　　　　　　　　　90分

Recipe 39 旨みたっぷり トマトすき焼き

普通のすき焼きにトマトをぶち込むだけで、
おいしさ倍増。
もちろん、トマトなしでもOK。
お好みで卵につけてどうぞ。

材料【直径26cmのフライパン1個分】

もっと
たくさん入れても

Ⓐ だし汁(水でも可)
…100cc

しょうゆ…大さじ4

砂糖…大さじ3

長ねぎ…1本

豚こま切れ肉
(薄切り)…300g

玉ねぎ…1個

牛脂…10g

にんじん…1本

トマト…2個

しいたけ…4個

えのき…1/2袋

作り方

1 Ⓐを混ぜ、割り下を作る。長ねぎは斜め切りにする。
豚肉は食べやすい大きさに切る。玉ねぎはくし形切りにする。

2 フライパンに牛脂を入れて中火で熱し、
長ねぎ、豚肉、玉ねぎの順に入れて炒める。

> 庶民は黙って豚肉。
> 豚肉を牛脂に絡め、
> 偽装

3 にんじんは5mm厚さの輪切りに、トマトはくし形切りにする。
しいたけは軸を切り、4つ割りにする。えのきは石づきを切り、
長さを半分に切ってほぐす。

> 炒めながら
> 合間に切っていくよ

memo

しいたけの軸は割
いて入れてもOK。
冷凍してスープや
炊き込みごはん、
チャーハンに使っ
てもよし。

4 2のフライパンに1の割り下を入れ、3を加える。フタをして
火が通るまで、沸騰しないよう弱火～中火で10分ほど蒸し焼きにする。

> トマトは最後に真ん中に入れると見栄えがいい

じゃがコーン
ポタージュ

ミキサーがなくてもできるカンタンポタージュ。
炊飯器にお任せすればほっておくだけでとろ〜り。

材料【3合炊き炊飯器1台分】

冷凍でも、
缶詰でも

じゃがいも
…2個

玉ねぎ…1個

Ⓐ スイートコーン…200g

水…200cc

固形コンソメ…2個

Ⓑ 牛乳…300cc

バター…10g

塩…適量

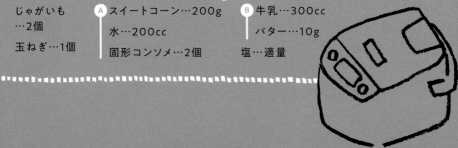

1 じゃがいもと玉ねぎは2cm角に切る。
じゃがいもは水にさらす。

火が通ったあとに
軽くつぶすので、
適当に切ってOK

2 炊飯器の内釜に1の玉ねぎと水気を切ったじゃがいもを入れる。

3 Ⓐを加え、クッキングシートで落としブタをして、普通炊飯をする。

コーンたっぷりが
好き

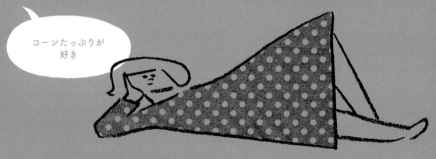

4 60分ほど経ったら、じゃがいもを軽くつぶしながら混ぜる。

つぶし加減はお好みで

5 Ⓑを加え、塩で味を調える。
保温して沸騰しないように軽く温める。

沸騰させたら
吹きこぼれる

最後にパセリを
散らすと華やか〜

ブロッコリーと卵のツナサラダ

食べごたえのあるいろどりきれいなデリ風サラダ。
ブロッコリーも卵もレンジ加熱で楽勝！

材料
【保存容器（大）1個分】

ブロッコリー…1房

卵…2個

ツナ缶…1缶

マヨネーズ
…大さじ4

塩・こしょう…各適量

卵が爆発する
可能性があるので、
目は離さない。
ラップ必須！

作り方

レンジは頼れるナカマ！

1 ブロッコリーは一口大に切る。耐熱皿に入れ、ラップをして電子レンジで2分30秒加熱する。

2 耐熱容器に卵を割り、黄身にフォークで3か所ほど穴を開け、ラップをして電子レンジで40秒加熱する。様子を見ながら、卵がかたまるまで追加で10秒ずつ加熱する。

3 ボウルに1、2、ツナ缶、マヨネーズを入れ、卵をつぶしながら混ぜる。塩・こしょうで味を調える。

memo
あとでつぶすので
しっかり刺してOK。

Recipe **42** カラフルパプリカの 焼きマリネ

2色使った最高のいろどり要員！
焼いたパプリカは甘みが増しておいしくなります。

材料
【保存容器（小）1個分】

パプリカ（赤・黄）
…各1個

サラダ油…大さじ1

Ⓐ 酢…大さじ1

オリーブオイル
…大さじ2

砂糖…小さじ1

塩…小さじ1/4程度

こしょう…好みで

作り方

1 パプリカは2cm幅のくし形切りにする。

2 フライパンにサラダ油を熱し、
1のパプリカを入れ、
フタをして弱火で8分ほど焼く。

> はちみつレモン
> （P.125）があったら、
> 2枚分を細かく切って
> 入れるとおいしい

3 Ⓐを保存容器に入れてよく混ぜる。

4 2のパプリカを3に入れ、
全体に絡める。

> マリネ液が足りない気がしても大丈夫、
> 時間とともにへにゃへにゃになって浸かる

Recipe 43 たっぷりきのこの当座煮

濃いめの味付けで「当座（当分）」の間、
保存できるメニュー。ごはんや卵焼きに混ぜたり、
アレンジも自在です。

材料
【保存容器（小）1個分】

しめじ…1袋

えのき…1と1/2袋

サラダ油…大さじ1

砂糖…大さじ1/2

しょうゆ…大さじ1

塩…少々

作り方

> えのきは
> 長さを半分に切ると
> 食べやすい

1 しめじとえのきは石づきを切ってほぐす。

2 フライパンにサラダ油を熱し、1を中火で炒める。

3 えのきがしんなりしてきたら、砂糖、しょうゆを加え、汁気がなくなるまで炒める。塩で味を調えて完成。

> 給料日前は年中お買い得な
> えのきで食いつなごう！